Für Erwachsene ist sie eine Selbstverständlichkeit, die Welt der Buchstaben, der Wörter und der Sätze. Wer lesen und schreiben kann, kann sich orientieren, er kann sich informieren, unterhalten und bilden, er kann sich verständigen und seine Gedanken weitergeben.

Für Kinder im Kindergarten- und Grundschulalter ist die Welt der Buchstaben eine aufregende Entdeckung – und das Alphabet der Tiere zeigt, daß Lesenlernen auch richtig Spaß machen kann! Denn wer dabei auch basteln darf, Gedichte hört, wer dabei spielen und Rätsel lösen kann, der findet sich bei den Buchstaben ganz schnell zurecht.
Wie wär´s zum Beispiel mit dem Suchspiel auf Seite 2?
Dort hat sich ein kleiner Fehler eingeschlichen, und wer findet ihn? Oder auf den Seiten 16 und 17: Dort hat irgendein Lausbub das ganze Alphabet durcheinandergewirbelt. Wer ist am schnellsten, wenn es darum geht, in diesem Durcheinander die Buchstaben in der richtigen Reihenfolge zu finden? Ging´s ganz flott? Na, dann versuchen Sie´s doch einmal von hinten: Z, Y, X,...
Und wie sieht es mit ganzen Worten aus? Der eigene Name? Die beste Freundin oder der liebste Freund?
Führen Sie Ihr Kind spielerisch in die Welt der Buchstaben hinein, und Sie werden sehen, der Spaß ist groß beim

ALPHABET DER TIERE!

EDITORIA

Das Alphabet der Tiere

TOPP idee
FREIZEIT kreativ

Das große Fensterbilder-Alphabet

Wer das Alphabet gut kennt, der findet auch den Fehler...

A ist der artige Affe Anton.
B ist der brummige Bär Benno.
C ist das charmante Chamäleon Christian.
D ist der dressierte Delphin Dagobert.
E ist der ehrliche Elefant Emil.
F ist der fröhliche Frosch Franz.
G ist die geduldige Gans Gerlinde.
H ist der hungrige Hase Hubert.
I ist der intelligente Igel Igor.
J ist der junge Jaguar Jonathan.
K ist das kesse Krokodil Konrad.
L ist der liebe Löwe Leopold.
M ist die mutige Maus Mechthild.
N ist das neugierige Nashorn Norbert.
O ist der ordentliche Orang-Utan Otto.
P ist der putzige Pinguin Paul.
Q ist die quirlige Qualle Quintus.
R ist der reizende Rabe Roland.
S ist der sportliche Saurier Sebastian.
T ist der tatkräftige Tukan Theodor.
U ist der urige Uhu Uwe.
V ist die vorsichtige Viper Viktoria.
W ist der wuchtige Wal Waldemar.
X ist der x-beinige Xaver Xander.
Y ist der seltene Yak Yvonne.
Z ist das zufriedene Zebra Zacharias.

Was paßt nicht zusammen?

Der seltene Yak.

A WIE AFFE

Der Affe
Anton
hat eine ganz
besondere Aufgabe,
er darf das
A,
den ersten
Buchstaben des
Alphabets,
vorstellen!

Seht her, so fängt das große Alphabet der Tiere an: Der Affe zeigt am A, wie wunderbar er klettern kann.

Am Rumpf des fröhlichen Affen von vorne die Hose, von hinten die Füße ankleben. Dann bringen Sie den Rumpf von hinten am Buchstaben **A** an, lassen den kleinen Kletterer seine beiden Hände von vorne auf den Quersteg des **A** legen.
Das lachende Gesicht besteht aus zwei Teilen; Augen, Nase und Mund werden aufgemalt.
Den fertigen Kopf fixieren Sie vorne auf dem Körper und dem Buchstaben.

Und wer jetzt weiß, mit welchem Buchstaben das Wort „**Affe**" beginnt, der darf mit einem braunen Pluster-Pen auch noch die Konturen des Affenkörpers nachziehen!

B WIE BÄR

B

Das
B
ist Bennos
allergrößter
Schatz,
im Alphabet
stehn sie am
zweiten Platz.

Hier schaut ein kleiner Braunbär namens Benno aus dem oberen Fenster des Buchstaben **B**!

Zuerst wird sein Kopf gearbeitet:
Malen Sie auf das weiße Schnauzenteil die Nase und einen lachenden Mund, dann werden die Augen und die Ohrmuscheln aufgemalt.

Benno trägt heute eine lilafarbene Hose, die auf seinen Körper geklebt wird. Bringen Sie den ganzen Bärenkörper von hinten am **B** an, ergänzen Sie von vorne den Kopf und die Tatzen, und zum Schluß gibt´s noch bärig gute Pluster-Effekte!

C WIE CHAMÄLEON

Das grüne Chamäleon hat auf seinem Buchstaben, dem **C**, eine große Beute entdeckt!

Chamäleon Christian ist ein ganz besondrer Gast, das gleiche gilt auch für das große C – das paßt!

Es braucht deshalb zuerst seine rosafarbene Zunge, dann das Auge mit der aufgemalten Pupille.

Das Chamäleon Christian macht es sich auf dem **C** bequem und bekommt seine Beine.
Stellen Sie die Fliege als ein Teil aus weißem Tonkarton her, der Rumpf wird schwarz angemalt, und die Flügelpaare werden jeweils mit einer schwarzen Linie getrennt (punktierte Linie).
Und jetzt noch schnell mit einem grünen Pluster-Pen die Kontur des Chamäleons nachziehen, bevor es seine Körperfarbe dem pinkfarbenen **C** angleicht!

D

D
WIE DELPHIN

Mit Schwung ist Dagobert durchs
D
gesprungen, der Beifall ist danach kaum mehr verklungen.

Mit einem eleganten Sprung stellt der Delphin seinen Buchstaben vor: das **D**!

Auf sein weißes Rumpfteil (durchgezogene Linie) kleben Sie das blaue Rückenteil (gestrichelte Linie) und die Brustflossen; dann malen Sie das Auge und das Atemloch auf.
Auch der Mund von Dagobert wird – mitsamt einem Grübchen – aufgemalt und dann mit einem roten Stift ausgemalt.

E WIE ELEFANT

Der Elefant,
der quetscht sich durch
sein
E,
paß auf, sonst tut´s dem
armen Ding noch weh.

Ganz schön eng wird´s für den blauen Koloß – aber der Elefant Emil will nun einmal seinen Buchstaben persönlich vorzeigen: das **E**!

Bringen Sie zuerst den roten Mund und den Stoßzahn an; das Auge, der Schwanz und die Zehennägel werden aufgemalt.

Dann zwängt sich Emil zwischen die Querbalken seines Buchstabens und bekommt zum Schluß noch sein Ohr.

F WIE FROSCH

F

Auch Franz, der Frosch, ist endlich angekommen, das
F
hat ihn von Herzen aufgenommen.

Gemütlich
hat es sich
der Frosch auf
seinem
F
gemacht!

Kleben Sie zuerst die Hose auf den Rumpf, dann den Rumpf (gestrichelte Linie) hinter den Buchstaben.

Riesige Glupschaugen und ein aufgemalter lachender Mund samt Nasenlöchern gehören zu dem grünen Frosch Franz wie das **F** zum Alphabet.

Bringen Sie noch den Kopf an, und dann kann der fröhliche Geselle sich endlich mit seinen Armen auf den Querbalken des **F** lehnen.

Aber bei aller Müdigkeit:
Die Hose muß noch mit kleinen Kreisen und mit Pluster-Pen verziert werden!

G WIE GANS

G

Mit Freude stellt Gerlinde Gans hier fest: Das G, das ist ja echt ein schönes Nest!

Fürs **G** ist die Gans Gerlinde zuständig, sie hat sich dafür extra das Auge und den Schnabel aufmalen lassen.

Kleben Sie von vorne den Flügel, von hinten den Fuß an den Körper, der noch mit Pluster-Pen verziert wird, bevor Gerlinde sich in ihr Buchstaben-Nest setzt.

H WIE HASE

H

Der Hase Hubert hat sich entschieden, seinen Buchstaben, das **H**, heute spazierenzutragen.

Legen Sie ihm dafür sein weißes Schwänzchen in die Kerbe am Rumpf (durchgezogene Linie), und kleben Sie die blaue Hose auf (gestrichelte Linie).
Am Kopf werden anschließend die zweiteiligen Ohren befestigt, das Auge und das Nasenloch aufgemalt.
Dann bekommt Meister Lampe das linke Vorderbein und nimmt seinen Buchstaben Huckepack.
Von hinten wird das rechte Vorderbein angebracht; die Pfote (punktierte Linie) kleben Sie von vorne auf.
Und zum Schluß wird noch geplustert.

Der Hase trägt das H durchs ganze Land, drum ist es allen Kindern gut bekannt.

I WIE IGEL

Das dunkelbraune Stachelkleid ist das Markenzeichen des kleinen Igels, der zum Buchstaben **I** gehört.

Die Stacheln (durchgezogene Linie) werden auf den hellbraunen Rumpf (gestrichelte Linie) geklebt. Malen Sie den Mund und das Auge auf.

Dann braucht das Stacheltierchen seine schwarze Nase, das Ohr mit der aufgemalten Ohrmuschel und die rote Zunge.
Bringen Sie Igor von hinten an seinem Buchstaben an, setzen Sie oben einen Apfel auf das **I**; die gestrichelte Linie auf der Vorlage gibt Ihnen hierbei eine Positionierungshilfe.
Der zweite Apfel landet hinter dem Stachelkleid des hungrigen Tierchens, das noch mit Pluster-Pen verziert wird.

Als Vorratskammer wird das
I
von Igor oft benutzt, so ist das gute Stück doch wirklich wunderbar genutzt!

J WIE JAGUAR

Der Jaguar ist von dem
J
nicht mehr zu
trennen,
als ob sie sich ein
ganzes Leben lang
schon kennen!

Mit seinem Buchstaben hat es der Jaguar Jonathan ganz schön gut, denn das **J** läßt sich recht bequem auch als Stuhl nützen!

Malen Sie das Gesicht und die Fellzeichnung auf, kleben Sie das Ohr und das ebenfalls bemalte Vorderbein auf – und schon kann es sich das gefleckte Raubkätzchen auf seinem **J** gemütlich machen.

K WIE KROKODIL

Das Krokodil, das seinen Buchstaben, das **K**, so liebevoll in den Armen hält, wird zuerst mit dem roten Mund und dem Auge ergänzt.

Malen Sie dann das Nasenloch und ein nettes Grübchen auf, stellen Sie das Krokodil Konrad hinter den Buchstaben, und kleben Sie noch die beiden Vorderfüße auf.

Ob Konrad heute so freundlich ist, weil er so schön mit Pluster-Pen verziert wurde?

Ein hübsches Paar sind diese zwei auf dem Parkett, selbst Konrad denkt: Das K ist wirklich echt ganz nett!

L WIE LÖWE

Ganz lieb liegt Löwe Leopold im Eck – hab keine Angst, Dein L, das nimmt Dir keiner weg!

Es scheint, als ob der Löwe Leopold seinen Buchstaben, das **L**, recht gerne mag, so wie er sich in ihn hineinkuschelt!

Malen Sie dem König der Tiere auf dem gelben Rumpf (gestrichelte Linie) die Vorderbeine und das Hinterbein ein, kleben Sie die stolze dunkelbraune Mähne (durchgezogene Linie) auf.

Ergänzen Sie dann am Kopf (gestrichelte Linie) das Schnauzenteil (punktierte Linie), und malen Sie freundliche Gesichtszüge auf.

Wenn der Löwe Leopold bei seinem Buchstaben liegt, bekommt er noch seinen Schwanz und wird mit Pluster-Pen verschönert.

M WIE MAUS

Mit Muskelkraft stemmt Mechthild Maus das M hier hoch, wahrscheinlich trägt sie´s schnell ins nächste Mauseloch.

Das Mäuschen Mechthild, das genau aus der Mitte des **M** hinausschaut, wird mit der schwarzen Nase und dem frechen Haarschopf beklebt.

Bringen Sie dann die zweiteiligen Ohren an, malen Sie das Kulleräugchen auf.

Dann werden an dem blauen Rumpf von hinten der fertige Kopf, die Schuhe und das Schwänzchen angebracht.

Die beiden Pfoten packen von vorne kräftig an, wenn´s um den eigenen Buchstaben geht!

M

A B C D E F G H I J K L M

N
O
P
Q
R
S
T
U
V
W
X
Y
Z

N

N WIE NASHORN

Des Nashorns Neugier
hat das
N
sofort geweckt,
drum hat das
Nashorn seinen Kopf
da durchgesteckt.

Na, ganz paßt der Dickhäuter Norbert nicht durch, auch wenn das **N** so gut zum Nashorn paßt!

Es bekommt seine beiden Ohren und die weißen Hörner; das Gesicht, die Zehen und der Schwanz werden aufgemalt, bevor Sie es an den Buchstaben kleben.

O

WIE ORANG - UTAN

Orang-Utan Otto hat mit seinem Namen großes Glück, nein, das
O,
das gibt er wirklich niemals mehr zurück!

Für den Orang-Utan Otto ist es ganz klar:
Sein Buchstabe, das **O**, ist eine tolle Schaukel!

Kleben Sie zuerst auf das obere Gesichtsteil (gestrichelte Linie) die runde Schnauze (punktierte Linie), dann wird ein nettes Affengesicht aufgemalt.

Wenn der Kopf aufgeklebt ist, werden von hinten die Füße angebracht und der Affe in die „**O**-Schaukel" gesetzt.

Zum Schluß bekommt Otto noch seine Hände und einige Pluster-Verzierungen.

P

P WIE PINGUIN

Paul Pinguin trägt hier sein P aufs Eis, dort wird´s den beiden sicherlich nicht heiß.

Recht hat er, der kleine Pinguin Paul: Wenn er in der Kälte daheim ist, dann muß auch sein Buchstabe, das **P**, mit aufs Eis!
Am schwarzen Kopf-Rücken-Teil (gestrichelte Linie) wird von hinten der weiße Rumpf (durchgezogene Linie) angebracht.
Von vorne befestigen Sie den Schnabel und den weißen Augenfleck mit der aufgemalten Pupille.
Dann bekommt der Herr im schwarzen Frack eine warme Pudelmütze und den dreiteiligen Schal.
Wenn Sie die Füße von hinten am Rumpf angeklebt haben, setzen Sie den Pinguin auf die Eisscholle und lehnen ihn ans **P**.
Zum Schluß noch die Flügelchen anbringen und ein bißchen plustern.

Q WIE QUALLE

Nun hat auch noch das Q sein Tier gefunden, die Qualle fühlte sich sogleich gebunden.

Auch die Qualle hat ihren Buchstaben gefunden, das **Q**.

Ihr glockenförmiges Oberteil aus blauem Tonkarton wird mit Filzstift verziert; das weiße Unterteil bekommt schwarze Längsstreifen und wird unter das blaue Teil geklebt.

Und weil Plusterfarbe bei Hitze so schön aufquillt, paßt sie besonders gut zur Qualle!

Q

R WIE RABE

Für Rabe Roland ist das R viel besser als ein Ast, weil´s – wie die freche Mütze – ganz einfach zu ihm paßt.

Mit lautem Gekrächze hat der Rabe Roland seinen Buchstaben, das **R,** in Besitz genommen!

Dafür bekommt er zuerst die Trennlinie auf seinem Schnabel und das Nasenloch, bevor der Schnabel und das Auge mit der aufgemalten Pupille aufgeklebt werden.

Die weiße Mütze mit Rot verzieren und dem frechen Raben auf den Kopf setzen, dann den schwarzen Kerl auf dem **R** plazieren.

Jetzt fehlen nur noch von vorne die Füße und ein paar Pluster-Verzierungen!

S WIE SAURIER

Ganz begeistert war der Saurier Sebastian, als er nach langem Suchen seinen Buchstaben, das **S**, gefunden hat!
Und genau wie das **S** wird auch der Saurier aus einem einzigen Stück Tonkarton hergestellt, denn das Gesicht, die Zehen und die Ansatzstellen der Beine werden nur aufgemalt.
Weil´s so einfach war, bekommt der Saurier dafür noch Pluster-Ränder!

Sebastian hat sein
S
gesehen,
da war´s um ihn
sofort
geschehen.

T WIE TUKAN

T

Vom T herab hat Tukan Theodor ganz gute Sicht. Und was will der da unten, dieser klitzekleine Wicht?

Beim **T** ist der Tukan Theodor richtig gelandet, die zwei gehören zusammen!

Bringen Sie gleich zu Anfang das weiße Brustteil auf dem schwarzen Rumpf an, und auch der prächtige Schnabel wird ergänzt.

Den Augenbereich können Sie mit Gelb anmalen, bevor Sie das Auge und die Linie, die den Schnabel trennt, aufmalen.

Unten am Schwanz wird der rote Fleck aufgeklebt, und wenn Theodor auf dem **T** sitzt, werden noch von vorne die blauen Füße fixiert.

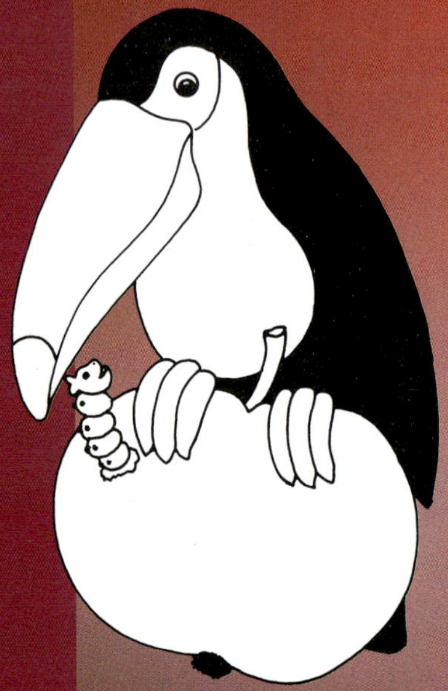

Das fröhliche Würmchen darf aus dem Apfel rausschauen, der hinter dem Buchstaben liegt.

Und wer Pluster-Effekte liebt, ist auch beim Tukan an der richtigen Stelle!

U WIE UHU

Das
U
wird hier mit
großer
Herzlichkeit
umarmt,
so ganz allein,
hat es den Uhu
wohl
erbarmt.

U

Der urige Uhu Uwe hat mitten im **U** Platz genommen, weil ihm sein Buchstabe so gut gefällt.

Am dunkelbraunen Rumpfteil (durchgezogene Linie) kleben Sie von vorne das helle Kopf-Bauch-Teil (gestrichelte Linie) an. Die großen weißen Augen bekommen aufgemalte Pupillen, der Schnabel darf auch nicht fehlen. Von hinten wird der Nachtvogel ans **U** geklebt, von vorne werden die Flügel und die Füße ergänzt.

Und weil ein Uhu gerne seine Umrisse betont, braucht er noch ein bißchen Plusterfarbe.

V WIE VIPER

V

Viktoria hat ihr V ganz schnell gefunden, und schon hat sie sich drumherum-gewunden.

Meinen Buchstaben darf ich auch umschlingen, hat sich wohl die Viper Viktoria gedacht, als sie das **V** kennengelernt hat!

Und so windet sich der Körper um den Buchstaben, nur der Kopf wird extra aufgeklebt.

Zuvor müssen Sie allerdings noch die Augen mit den aufgemalten Pupillen anbringen, Nasenlöcher und Mund aufmalen und zum Schluß die züngeln-de Zunge ergänzen.

W WIE WAL

Mit einer stolzen Wasserfontäne stellt der Wal Waldemar sich und seinen Buchstaben, das **W**, vor!

Malen Sie ihm einen freundlichen Mund, das Auge wird mit der Pupille ergänzt und aufgeklebt.

Dann fehlen noch die Brustflosse und die Fontäne, die auch geplustert werden kann.

An dieser Stelle brauchen
wir ein großes Tier,
ja, lieber Wal, das
W
gehört nun mal zu Dir.

W

X WIE XAVER

X

Na, hier hat sich aber jemand ganz Besonderes in das große Alphabet der Tiere eingeschlichen:

Der kleine Kobold Xaver Xander hat sein **X** gesehen und war einfach schneller als alle Tiere...

Malen Sie ihm ein lachendes Gesicht auf das Kopfteil (gestrichelte Linie), das Sie dann am dunkelbraunen Rumpf anbringen.

Die Füße von hinten ankleben, den kleinen Kobold hinter sein **X** stellen und die Hände nicht vergessen.

Und weil Xaver Xander so flink war, verdient er wirklich noch einige Pluster-Verzierungen.

Xaver war
als erster hier
vor Ort,
drum schickt das
X
den Xaver auch
nicht fort.

Y WIE YAK

Das Y, der Yak – die zwei sind wirklich rar. Daß wir sie kennen, ist doch wunderbar!

Hier haben sich zwei ganz Seltene zusammengefunden:

Der Yak und sein Buchstabe, das **Y**.

An seinem Kopf werden zuerst die Hörner, dann die Haare (gestrichelte Linie) angebracht, von hinten ergänzen Sie den Unterkiefer (gestrichelte Linie).

Das zottelige Tier namens Yvonne bekommt von hinten die Beine, von vorne den Kopf, stellt sich auf die graue Bodenfläche und wartet noch auf sein **Y** und die Pluster-Zotteln an seinem Fell.

Y

Z WIE ZEBRA

Z

Zufrieden schaut das Zebra aus dem Z heraus. Und damit ist das Alphabet der Tiere aus!

Sie bilden das Schlußlicht im großen Alphabet der Tiere:

das Zebra Zacharias und sein **Z**!

Die Augen, die Nüstern und die Fellzeichnung werden aufgemalt, nur die Ohren kleben Sie extra auf.

Wenn das Zebra sich jetzt noch an seinen Buchstaben lehnen darf, dann ist das Alphabet zu Ende!

Wählen Sie Ihren Lieblingsbuchstaben, und pausen Sie alle Einzelteile ohne Überschneidungen vom Vorlagenbogen auf Transparentpapier oder Butterbrotpapier ab. Anschließend wird das Transparentpapier auf Karton aufgeklebt.

Schneiden Sie alle Teile des Buchstabens und des Tieres sauber mit einer Schere oder einem Cutter aus dem Karton aus.
Denken Sie daran, dabei eine Schneidunterlage zu benutzen!

Legen Sie dann die fertigen Schablonen auf den bunten Tonkarton, den Sie für den Buchstaben oder das Körperteil des Tieres ausgewählt haben. Die Umrisse werden sorgfältig mit einem feinen Bleistift nachgezogen und die Teile mit der Schere oder dem Cutter ausgeschnitten.

Zum Schluß kleben Sie die Einzelteile zusammen – das Foto und die Vorlage geben Ihnen Positionierungshilfen!
Wer möchte, kann dann noch mit Pluster-Pen einzelne Verzierungen setzen. Lassen Sie die Farbe trocknen, und fönen Sie sie schräg von der Seite.

Vorschau

In der FREIZEIT kreativ -Reihe ist bereits erschienen:

Band 1
Gudrun Hettinger:
Die Moosgummi-Clownparade

Clowns, die tollpatschig-komischen und sympathischen Gestalten, sind bei allen Leuten beliebt. Die Autorin führt hier eine lustige Clownparade aus Moosgummi vor. Dieses phantastische Material ist wie geschaffen für Clowns: sie präsentieren sich rund um den Schreibtisch, als Uhren, Geschenkverpackungen und im Kinderzimmer in vielen Farben und Formen. Neue Elemente wie Hohlschnüre, Walzen und Scheiben ermöglichen die Herstellung dreidimensionaler Figuren. Die genauen Anleitungen garantieren das Gelingen!

TOPP 1764 **ISBN 3-7724-1764-7**

Band 3 (TOPP-Nr. 1791) erscheint am 2. 3. 1994:
Inge Hereth
Zaster, Mäuse, Moos...
Geldgeschenke für jeden Anlaß ISBN 3-7724-1791-4

Geld als Geschenk? Vielleicht spart der Beschenkte für ein Fahrrad, eine Reise oder ein Auto – dann trifft man mit einem Geldgeschenk sicher genau ins Schwarze. Die Ideen dieses Buches sind so pfiffig und originell, daß der schnöde Mammon plötzlich eine persönliche Note erhält und durch die pfiffige Verpackung zum Einzelstück für den Beschenkten wird.

Von dem beliebten Autor Armin Täubner sind im Frech-Verlag zahlreiche andere Titel erschienen. Hier eine Auswahl:

TOPP 1576

TOPP 1594

TOPP 1782

TOPP idee FREIZEIT kreativ

Impressum

TOPP 1789

Fotos:
Frech-Verlag Stuttga
Fotostudio
Ullrich & Co.,
Renningen

Auflage: 6. 5. 4. 3. 2. 1.
Jahr: 1998 97 96 95 94
Letzte Zahlen maßgebend.

ISBN 3-7724-1789-2
Druck:
Frech-Verlag GmbH + Co
Druck KG
D-70499 Stuttgart
Turbinenstraße 7